정찬애 선생님

디카시집 헌정해 주셔서

감사합니다. 항상 응원합니다.

12월

황애라 올림

한참을 그렇게 서 있었다

황애라 디카시집

시와사람

황애라 디카시집

한참을 그렇게 서 있었다

2022년 12월 10일 인쇄
2022년 12월 20일 발행

지은이 | 황 애 라
펴낸이 | 강 경 호
발행처 | 도서출판 시와사람
등　록 | 1994년 6월 10일 제 05-01-0155호
주　소 | 광주시 동구 양림로119번길 21-1(학동)
전　화 | (062)224-5319
E-mail | jcapoet@hanmail.net

ISBN 978-89-5665-657-1 03810

값 15,000원

· 잘못된 책은 구입하신 서점에서 바꾸어 드립니다.
· 이 책은 전남문화관광재단에서 출판비 일부를 지원받았습니다.

공급처 ■ 한국출판협동조합
경기도 파주시 적성면 적성산단3로 10 (적성일반산업단지 내)
주문전화 (02)716-5616, 070-7119-1740

한참을 그렇게 서 있었다

시인의 말

일상은 순간의 연속입니다
쉴새 없이 움직이는 유기적인 변화 속에서
순간의 경이로움과 아름다움이 없다면
행복함을 어찌 담을 수 있을까요
신의 영역으로 조심스레 다가갈 때
밀려오는 감동을 눈에 담고 마음에 담았습니다
사랑할 수 있을 때 사랑하고
그리워할 수 있을 때 그리워하는 것
그것이 관심이고 사랑 아닐까요
향기 은은한 치잣꽃 앞에 서니
우리는 누군가의 꽃이며
세상에서 가장 향기로운 꽃이라는 것을 알게 되었습니다
잠시나마 디카시를 통해 위안을 얻고
그리움이 되었으면 좋겠습니다.

계절을 건너온 아름다운 영혼을 지닌 분들께 바칩니다.

2022. 11월

황애라

한참을 그렇게 서 있었다/ 차례

제1부

제2부

제3부

제4부

제1부

그토록 꼿꼿하던 모습도
때로는 붉은 눈시울 적신다.

곁에 있어 좋은 사람

평생 등 기대도 좋을 그 자리에
변함없이 서 있는
이름 하나.

부부

표정도 닮아가고
마음도 닮아간다
그러다 보니
어느새
섬도 육지가 되었다.

고백

뜨거운 땡볕에도
뒤흔드는 폭풍에도
꾹꾹 눌러 참았는데
더는 어쩌지 못해
붉은 열정 그만 들켜 버렸다.

우리는

누군가의 꽃이다
세상에서 가장
향기로운 꽃.

봄은 가고 있는데

엊그제 모란이 지고
금계국은 쫑긋거리는데
어머니의 발소리는 아직 들리지 않는다.

그렇게 한참을 서 있었다

나무는 왜 단풍이 들까
이 문구 앞에서
나는 왜 철이 들지 않을까
한동안 머뭇거렸다.

기다림

산중 매화꽃 피고 진다
세상이 아무리 시끌벅적해도
묵언으로 수행 중.

벼랑이란 그렇다

때론 벗어나고픈 막다른 길에서
안간힘으로 매달려 보는 일
자꾸만 패어가는 삶의 귀퉁이
간절히 붙잡는 일.

지나 보니

계절마다
곱게 물들었던 자리
당신의 세심한 보살핌의 자리.

어쩌면

바위처럼 병풍 친
마음이라도
살포시 손 얹으면
열릴지 몰라.

어머니

멋모르고 제멋에 살아도
저기,
담쟁이잎 떠받치고 있는
묵묵한 넝쿨.

아버지

그토록
꼿꼿하던 모습도
때로는
붉은 눈시울 적신다.

내 모습

자꾸만 중심을 잃어 가요
조금만 기대도 될까요
그래도 될까요.

그대

이리 아름다운
속내인 줄 몰랐다
어느 정도 거리를 두고서야
마음에 풍경 하나 들어섰다.

제2부

활짝 필 거야 조금 늦으면 어때
가장 극적인 찰나 만끽하게 될 텐데!

한결같이

자꾸만 변해 가는 우리
깎이고 삭아도
마음만은 변치 않기를.

미련

사랑도 별거 아니라고
밤새 피워낸 말들
곧 낱장으로 떨어지겠지.

괜찮아

예쁜 꽃 아니라 해도
향기 또한 없다 해도
그냥
풀꽃이라 해도.

통로

앞이 보이지 않을 때
빛을 따라가면 길이 있다
마음 저 끝
보석처럼 빛나는 출구가 있다.

이제 곧

활짝 필 거야
조금 늦으면 어때
가장 극적인 찰나
만끽하게 될 텐데!

바로

어느 별에서 떨어진 걸까
입동 비바람에 날리다가
낯선 땅 낯선 풍경 지나
다다른 곳, 너의 품이었구나.

치유

상흔의 자리에
마음 한 쪽 내어 주며
토닥 토닥.

그럼, 됐다

꽃술에도 그늘이 있다
그늘진 삶이라도
한철
곱게 꽃을 피웠다면.

어느 가을

매달린 곳도
떨어져 내린 곳도
다 그리운 자리.

상흔

그래
누구에게나 하나쯤은 있지
한켠 우두커니 자리하고 있다가
어느 날 툭 불거질 때가 있지.

휴식

바닷물은 아직 저만치
해종일 날던 날갯죽지 내리고
파도 소리에 스르르 감기는 눈.

언젠가는

한때 탱탱하던 시절도
주름지고 버즘 피는 날
슬그머니 찾아온다.

화해

단단한 척
맨몸으로 맞서다
시린 눈물
뚝뚝 떨군다.

눈 온 아침

다들 아직 늦잠 중
곤한 잠에 빠진 걸까
꿈이라도 꾸는 걸까
깨울까 말까.

제3부

발길 들썩이는 아침
대지를 덮고 있는 무형의 하얀 벽
한 치 앞도 안 보이는 거기서 해가 뜬다.

새해 첫날

시간의 지루함 위에서
축제를 한다
다를 바 없는 어제와 오늘
더 특별하게
오늘은 눈이 내린다.

쉿!

작은 웅덩이에
푸른 그늘과 우주
개구리 몇 마리 대자로 누워
우주와 교감 중.

무심

마음 흔들리는 날
하늘과 지면은 아득하고
고요 깔린 억새밭엔 바람 소리뿐.

투영

어찌 이리 정교할까
흔들릴 때도
흔들림이 없을 때도.

하루

수평선으로 어둠 내릴 때
순간이라도 불 밝힐 수 있다면
소중한 시간을 살아낸 거야.

계절을 건너 다시

잡초 시든 자리에 별 같은 꽃 피었다
여름내 보이지 않았는데
까맣게 잊고 살았는데
무성한 풀섶 사이 거기 꿋꿋이 살아냈구나
스러질 듯 키만 훌쩍 큰 채.

꽃도 나비처럼

날고픈 때가 있다
생애 어디쯤 꽃으로 만나
어느 날 꽃 지듯 떠났다.

물구나무서다

가끔 일탈을 꿈꾼다
곱게 가는 길 잠시 접어두고
마구 내달리는
열정이라는 저 시 한 편.

삶

걸어온 자국 위에 파도치는 순간
귀 기울이면
자꾸만 씻기워져야
모래만큼 고와질 수 있다 한다.

기울기

축을 잃은 시간
기운 줄 모르고 살아온 날들
흔들릴 때마다
다시
마음 축 곧추세운다.

섬은 안다

파도 소리 바람 소리
더욱 사무치는 날
벼랑으로 흐르는 고독
꼭 껴안은 이유를.

법성포에는

엮인 일상 가끔 입꼬리 처져 있지만
염장된 시간 어루만지며
한 두름 잘 절여진 뚝심이 있다.

안개

발길 들썩이는 아침
대지를 덮고 있는
무형의 하얀 벽
한 치 앞도 안 보이는 거기서
해가 뜬다.

장독대 선인장꽃

이제는
가시 없이도 살아갈 수 있으련만
마지막 자존심인 듯
여전히 버리지 못하는
저 침.

제4부

무심히 건너왔던 징검돌
누군가는 부단히 참고 견딘
거룩한 희생의 길.

채석강 노래

너는 심층으로 견고해지려 하고
나는 층층이 견고해지려 한다
여기저기 패인 상처
떼어낼 수 없는 것도
언젠가 노래가 된다고.

겨울 안부

날이 추워질때면
늘 손이 차다고 말하는 너에게
마음 보낸다.

그리움

뒤늦게 핀 강천산 단풍 한 그루
마른 혈관 드러낸 스산한 숲에
때맞춰 피고 지는 일 쉽지 않아
그냥 심장처럼 박혀 있다.

사랑할 때

세상이
수많은 사연으로 나부껴도
이곳 풀숲은
여전히 작은 천국.

아무 일 없듯이

어느 뜨겁던 날
한껏 불거진 돌담 그 자리에
그리움 하나 머물다 간다.

그곳에 가고 싶다

길 잃은 게 아니야
풀숲은 가까이에 있어
찰나의 순간 섬광처럼 가고 싶어
가끔 불려지는 그 이름 앞으로.

누가 뭐래도

좋은 곳이 아니면 어때?
잠시 머물 수만 있다면 괜찮아.

세량지에는

산 몇 채와 파란 하늘이
들어가 살고 있다
한껏 닮고 싶은 그런 날도.

산책

오늘도
난 숲으로 간다
거기 오솔길에서
이따금 출구를 만난다.

뒤돌아보니

무심히 건너왔던 징검돌
누군가는 부단히 참고 견딘
거룩한 희생의 길.

가을날

햇살 내린 담장에 바람 분다
모나거나 상처가 있거나
그리 중요치 않다
어깨 맞댄 그 순간부터
인연의 시작이니까.

그리운 날

여름 끝자리
붉어진 맘
활활 타고 있다
삶의 순간순간
이리 붉었던 적 있었나.

쉽지 않다

허공 중 허름한 거미집 한 채
찢어진 거미줄에 벌 한 마리 걸려 있다
바람만 불어도 출렁이는 거미줄
어쩌다 난감한 채 걸려 있는 나를 보았다.

마중

저만치 밀려난 물길이야
때맞춰 돌아온다지만
왠지
앞선 마음만 달려나간다.